Für Geva, Ellinor, Adelheid
und alle anderen, die gern spielen

KRISTIN STORRUSTEN
VICTORIA SANDØY

Natürlich magellan®

Hergestellt in Deutschland
CO_2-Ersparnis durch kurze Lieferwege
Gedruckt auf FSC®-zertifiziertem Papier
Lösungsmittelfreier Klebstoff
Drucklack auf Wasserbasis
Farben auf Pflanzenölbasis

Weitere Infos gibt es hier:

www.magellanverlag.de/natürlich

1. Auflage 2024

Die norwegische Originalausgabe erschien 2023
unter dem Titel „Jeg elsker pinner“
Text: Kristin Storrusten
Übersetzung: Elisabeth Schmalen
Diese Übersetzung wird mit finanzieller Unterstützung
von NORLA - Norwegian Literature Abroad veröffentlicht

Illustration: Victoria Sandøy
Lektorat: Patricia Pfeffer
Herstellung: Leonie Herr
Umschlaggestaltung: Romy Schulz unter der
Verwendung einer Illustration von Victoria Sandøy
Druck: Westermann Druck, Zwickau
ISBN 978-3-7348-6049-2

www.magellanverlag.de

Alle Ideen, Tipps und Inhalte in diesem Buch wurden sorgfältig und nach bestem Wissen ausgewählt und geprüft. Mit scharfen und spitzen Gegenständen wie z.B. Stöcken oder Werkzeugen wie Schnitzmesser und Feuer sowie heißen Gegenständen sollte stets aufmerksam und vorsichtig umgegangen werden. Eventuell ist die Aufsicht eines Erwachsenen notwendig.

In den jeweiligen Bundesländern gibt es gesetzliche Regelungen, ob und welche Art sowie Menge von Holz zum Eigengebrauch aus einem Wald mitgenommen werden darf. Es gilt sich stets auf Basis der gesetzlichen Grundlage sowie in Absprache mit dem Grundeigentümer konform zu verhalten.

Eine Haftung des Verlags bzw. der Autorin sind ausgeschlossen.

INHALTSVERZEICHNIS

HALLO, DU!

Wusstest du, dass du in einer Welt voller Stöcke lebst?

Stöcke findet man überall auf der Erde. Na ja, außer am Südpol in der Antarktis. Dort wachsen keine Bäume, und deshalb gibt es da nur Stöcke, die extra dorthin gebracht worden sind, zum Beispiel um zu messen, wie hoch der Schnee liegt. Aber an wirklich allen anderen Orten auf der Welt – selbst auf dem Meer – gilt: Wenn du einen Stock findest, ist das ganz allein deine Sache.

Offensichtlich haben die meisten Erwachsenen vergessen, wie toll Stöcke sind. Sie sagen, dass Winterschuhe keine Stockhalter sind und dass du vorsichtig sein musst, wenn du einen Stock durch die Luft schwingst. Sie sagen, dass du auf dem Schulhof nicht mit Stöcken spielen darfst und keine Stöcke aus dem Wald mit nach Hause nehmen sollst. Manchmal weigern sie sich vielleicht, dir einen Stock aus der Mitte des Flusses zu holen, selbst wenn du ganz lieb fragst. Und sie verstehen nicht, dass Stöcke mit einem kleinen Funken Fantasie alles Mögliche sein können.

Warum ist das so? Stöcke sind doch das Allerbeste auf der Welt!

In diesem Buch geht es um Stöcke. Vielleicht können ja sogar Erwachsene beim Lesen noch etwas lernen …

WAS IST EIN STOCK?

Was ein Stock ist, weiß jeder. Ein Stock eben! Aber … Hm. Wie würden wir Außerirdischen, die noch nie einen Stock oder einen Baum gesehen haben, denn einen Stock beschreiben?

In Wörterbüchern steht, dass ein Stock ein von einem Baum oder Busch abgebrochener oder abgeschnittener, meist gerade gewachsener Ast oder Teil eines Astes ist, der einem bestimmten Zweck dient.

Aha. Hilft dir das weiter?

Mir auch nicht. Aber ich habe viel über die Sache nachgedacht. Es gibt ja meistens mehrere Möglichkeiten, etwas zu beschreiben. Wir können erklären, wie etwas ist oder wozu man es braucht.

Aber Stöcke sehen ganz unterschiedlich aus, und man kann fast alles damit machen! Deshalb habe ich mir überlegt, dass wir uns jetzt einfach auf Folgendes einigen: Ein Stock besteht aus Holz, ist aber nicht mehr am Baum oder Strauch festgewachsen. Er ist hart genug, um nicht wie ein Stück Schnur nach unten zu hängen. Und er ist so leicht, dass du ihn tragen kannst, aber so schwer, dass er sich nicht von der Hand pusten lässt.

IST DAS EIN STOCK?

Woraus besteht er?

Holz

Etwas anderem

Das kann alles Mögliche sein. Lauf lieber weg, falls es beißt.

Wie groß ist er?

Kleiner als mein großer Zeh

Dann ist es ein großer Splitter oder ein Stück Rinde oder so etwas.

Genau passend

Deutlich länger als ich

Dann ist es ein ganzer Ast oder eine lange Wurzel oder so etwas.

Dicker als mein Arm

Dann ist es ein dicker Ast oder vielleicht sogar ein ganzer Baumstamm.

Glaubst du, es ist ein Stock?

Nein

Dann ist es kein Stock.

Ich weiß es nicht.

Ja!

Stock!

Welche Form hat er?

Rund

Dann ist es eine Schale oder Kugel.

Gerade oder krumm

Stock!

Er ist dicker als lang

Dann ist es ein Klotz, ein Stumpf oder ein Topfuntersetzer.

Er ist voller Blätter oder Nadeln.

Reiß sie ab.

Ooooh!

Sie sitzen fest!

Das klingt verdächtig. Frag lieber einen Stockexperten.

DER PERFEKTE STOCK

Okay, jetzt wissen wir, was ein Stock ist.

Aber was unterscheidet einen guten Stock von einem schlechten? Manchen Leuten gefallen lange Stöcke, anderen kurze. Die meisten mögen harte Stöcke, aber einige finden weiche Ruten besser. Es gibt Kinder, die am liebsten lustig geformte Stöcke suchen, und andere, die sich einen geraden, glatten Stock wünschen, der gut klingt, wenn man damit irgendwo dagegenschlägt. Auch eine schöne Farbe ist wichtig, zum Beispiel braun mit hellen Flecken. Viele Erwachsene wollen lange Stöcke, auf die sie sich beim Wandern stützen können. Manche Leute achten vor allem darauf, wie sich der Stock anfühlt, andere darauf, wozu man ihn verwenden kann.

Kann es sein, dass es den einen, ganz und gar vollkommenen Stock für alle gar nicht gibt?

Hui!

Natürlich wäre es toll, wenn es einen perfekten Stock gäbe, den man im Museum ausstellen könnte. Dann würden wir sagen: „Das ist unser bester Stock“, und zum Beispiel in anderen Ländern nachfragen, ob sie dort ähnlich gute Stöcke haben. Man könnte sogar Weltmeisterschaften veranstalten, um herauszufinden, welcher Stock der stockigste von allen ist.

Die hier mögen Stöcke besonders gern

Aber eigentlich geht es um die Fantasie. Da Stöcke so vieles sein können, entscheidest du, was du da in der Hand hast. Sei ruhig kreativ! Ist dein Stock ein Zauberstab oder ein Dinosaurier? Gibst du damit einem Chor den Takt an oder benutzt du ihn als Holzbein für dein Tannenzapfen-Tier? Klapperst du damit über einen Zaun oder versteckst du ihn unter dem Bett?

Für dein Gehirn sind solche Fantasiespiele wichtig. Wenn du spielst, bist du frei. Du probierst Dinge aus, die du dich sonst nicht traust. So lernst du, ganz du selbst zu sein.

Aus diesem Grund gibt es keinen besten Stock des Landes und keine Stock-Olympiade. Denn es ist gar nicht der Stock, der perfekt ist.

Sondern du selbst.

HUNDE UND STÖCKE

Das ist Hjalmar (gesprochen „Jalmar").

Hjalmar liebt es, Stöcke zu suchen, vor allem große. Die trägt er gerne mit sich herum und spielt damit, am liebsten zusammen mit seinen Menschenfreunden.

Hjalmar beißt so gern auf Stöcken herum, dass er sogar öfter kleine Wunden im Maul hat. Sein Garten ist voll mit Stöcken.

Einmal ist Hjalmar zum Baden in einen Teich im Wald gelaufen. Plötzlich fing er an zu winseln und zu quieken.

Seine Besitzerin befürchtete, dass er sich verletzt hatte oder krank war, und lief schnell zu ihm. Doch da sah sie, wie Hjalmar versuchte, einen schwimmenden Baumstamm aus dem See zu holen. Er wollte ihn mitnehmen, wie er es sonst auch mit Stöcken machte.

Aber es ging einfach nicht – der Baumstamm drehte sich und war natürlich viel zu groß. Hjalmar war wütend und traurig. Auf keinen Fall wollte er ohne diesen tollen Riesenstock aus dem Wasser kommen!

Hunde spielen so gern mit Stöckchen, weil sie es lieben, Dinge zu jagen, zu suchen, zu fangen und zu tragen. Es macht ihnen Spaß, allem hinterherzulaufen, was sich bewegt. Wenn wir einen Stock werfen, ist das für Hunde, als würden sie etwas jagen. Außerdem haben sie gelernt, dass man auf diese Weise gut mit Menschenfreunden spielen kann. Doch Vorsicht! Beim Spielen mit Stöcken können sich Hunde verletzen. Achte darauf, dass das Stöckchen glatt ist und nicht splittern kann. Wenn du ganz sicher sein willst, gibt es auch sichere, splitterfreie Stöckchen für Hunde zu kaufen.

Stockstation

Das Technische Museum in Oslo, der Hauptstadt von Norwegen, hat vor dem Museum selbst und vor der Stadtbücherei Stockstationen eingerichtet – Kisten aus Holz, wo Menschen und Hunde Stöcke ablegen oder ausleihen können.

Vielleicht kannst du bei dir zu Hause auch so eine Stockstation aufstellen?

Hunde sind dank ihres guten Geruchssinns in der Lage, sich an Stöckchen zu erinnern, mit denen sie schon einmal gespielt haben. Oder hat vielleicht ein anderer Hund diesen Stock schon im Maul gehabt? Auch das ist ein Grund, sich ihn zu merken.

Es ist aber gar nicht schlimm, wenn Hunde ohne Stöcke aufwachsen. In dem Fall suchen sie sich eben etwas anderes zum Spielen oder Kauen. Man muss sogar ein bisschen aufpassen, weil manche Hunde gar nicht mehr aufhören können, mit Stöcken zu spielen! Dann vergessen sie alles andere, zum Beispiel normale Hundesachen zu machen und einfach in der Gegend herumzuschnüffeln. Für manche Hunde ist es ganz wichtig, sich nicht von Stöcken ablenken zu lassen. Ja, wirklich. Denn manche Hunde müssen arbeiten, etwa bei der Polizei oder als Blindenführhunde.

Wenn Hjalmar das hier lesen könnte, würde er bestimmt sagen, das sei Quatsch. Denn wenn man Hjalmar heißt und ein zehn Jahre alter Labrador ist, kann man sich ein Leben ohne Stöcke gar nicht vorstellen.

STÖCKE SAMMELN

Menschen besitzen Gegenstände aus drei verschiedenen Gründen:

1) Der Gegenstand ist nützlich.
2) Uns gefällt, wie er aussieht.
3) Er hat eine besondere Bedeutung für uns.

Das trifft auf alle möglichen Dinge zu. Und wenn man zu viel Zeug ansammelt, ist im Haus irgendwann kein Platz mehr. Deshalb muss man ab und zu etwas aussortieren. Erwachsene sagen dann, dass du deine Stocksammlung und die Steine und die Muscheln und die Federn und die Kastanien und alle deine anderen Fundstücke wegwerfen sollst.

Dabei sind die Erwachsenen selbst nicht besser. Wenn du zu deinen Eltern sagst, dass sie die Bücher, die sie nie lesen, und die Bettwäsche, die nur im Schrank liegt, und die Bilder an der Wand weggeben sollen, rufen sie: „Nein! Das brauche ich noch! Und das da ist so schön! Und das habe ich von Uroma geerbt!"

Die meisten Erwachsenen haben vergessen, dass auf Stöcke alle drei Gründe voll und ganz zutreffen:

1) Mit Stöcken lässt sich fast alles machen.
2) Die meisten Stöcke sind wunderschön.
3) Und zu jedem Stock gibt es eine Geschichte, wie du ihn gefunden hast.

Vielen Kindern macht es Spaß, Stöcke zu sammeln. Das ist ganz normal, denn Menschen mögen es, die Kontrolle über Dinge zu haben. Wir ordnen sie gern zu sogenannten Systemen und haben gern den Überblick. Und … bei fast allem auf der Welt sind es die Erwachsenen, die entscheiden. Sie haben das Geld, um Sachen zu kaufen. Sie legen fest, wer zu uns ins Haus kommen darf. Nur bei Stöcken gilt das nicht. Ha! Da haben die Kinder das Sagen – und bestimmen damit über einen kleinen Teil der Welt!

WAS WIR ÜBER STÖCKE WISSEN (UND WAS NICHT)

Stöcke können uralt werden. Wenn sie im Moor liegen oder im Eis stecken, können sie Tausende Jahre überstehen! Hartes Holz überlebt länger als weiches. Das bedeutet, dass Stöcke von Buchen oder Eschen älter werden können als Stöcke aus Espen- oder Fichtenholz.

Auf Stöcken wachsen Pflanzen wie Moos und sogar Pilze und Flechten. Außerdem können auf und in Stöcken verschiedene Tiere leben. Borkenkäfer fressen zum Beispiel hübsche Muster ins Holz, um ihre Eier zu legen. Für winzige Tiere wie Fadenwürmer und Milben sind Stöcke ein echtes Paradies. Vögel benutzen kleine Stöcke, um Nester zu bauen.

Die meisten Bäume würden es aushalten, wenn du dir einen kleinen Ast abbrichst oder absägst. Besser ist es jedoch, dir einen schon abgebrochenen Stock auf dem Waldboden zu suchen. Teilweise versuchen sich Bäume und Pflanzen sogar mit Tricks davor zu schützen, abgezupft oder gefressen zu werden. Sie wehren sich zum Beispiel mithilfe von Dornen oder scharfen Kanten. Einige erzeugen einen bitteren Saft oder Gift, um weniger lecker zu schmecken.

Was wir noch nicht genau wissen, ist, wie Pflanzen die Welt um sie herum erleben.

Es gibt so vieles, das noch unbekannt ist. Zum Beispiel hat noch niemand erforscht, wie viele Stöcke ein Baum im Laufe eines Jahres hervorbringt oder wie weit ein Stock reisen kann. Niemand kann sagen, wie viele Stöcke es in einem Wald gibt oder wie viele Stöcke alle Kinder in deinem Land zusammen besitzen.

Vielleicht solltest du Stockforscher oder Baumforscherin werden, wenn du groß bist?

STÖCKE IM WELTRAUM

Ob es im Weltraum Stöcke gibt, wissen wir bisher nicht. Aber die Sternforscher suchen nach Planeten, die der Erde ähnlich sind. Vielleicht finden sie eines Tages einen, auf dem Bäume wachsen? Dann gäbe es dort auch Stöcke.

Bis dahin müssen wir uns mit 'Oumuamua zufriedengeben. Dieses Wort kommt aus Hawaii und bedeutet „Späher". 'Oumuamua ist 2017 an der Sonne vorbeigeflogen und ist (soweit wir wissen) das erste Objekt von außerhalb unseres Sonnensystems, das uns besucht hat! Die Forscher sind sich nicht sicher, um was es sich bei diesem Brocken genau handelt. Seine Form ähnelt einem gigantischen Stock. Allerdings ist er 400 Meter lang – das sind vier Fußballfelder hintereinander – und besteht aus Stein und vielleicht aus Metall.

Aber vielleicht landet schon bald etwas Holz von unserer Erde im Weltraum? Forscher aus Japan entwickeln gerade nämlich einen Satelliten aus Holz. Er soll mithilfe einer Rakete ins Weltall geschossen werden und dann unsere Erde umkreisen.

BESONDERE STÖCKE, DIE DU VIELLEICHT KENNST

Berühmte Stöcke in Buch und Film

Stöcke findest du nicht nur im Garten oder im Wald, sondern auch in Büchern, Serien, Hörspielen und Filmen.

Pu der Bär und seine Freunde haben ein Spiel erfunden, bei dem sie auf einer Seite einer Brücke Stöcke in den Fluss werfen und gucken, welcher davon als Erstes auf der anderen Seite ankommt. Geschrieben hat die Geschichte rund um Pu den Bären der Schriftsteller A. A. Milne vor hundert Jahren. Heute gibt es sogar eine Weltmeisterschaft im Pu-Stöcke-Spiel.

Selbst Hexen und Zauberer brauchen Stöcke. Es gibt zwei sehr bekannte Hexen, die auf ihren Besen durch die Lüfte sausen: Die kleine Hexe von Otfried Preußler und Bibi Blocksberg von Elfie Donnelly. Auch Zauberstäbe sind aus Holz, und Harry Potters Zauberstab ist wohl der berühmteste! Er ist elf Zoll lang – das sind knappe 30 Zentimeter, so lang wie ein großes Lineal – und besteht aus dem Holz der Stechpalme und der Feder eines magischen Vogels, dem Phönix. In den Harry-Potter-Büchern der Schriftstellerin Joanne K. Rowling und auch in den Filmen über ihn kommen noch viele weitere Zauberstäbe vor.

Lebendige Stöcke

In manchen Büchern und Filmen gibt es sogar lebendige Stöcke, die denken, fühlen und sprechen können. Einer davon ist Stockmann. Seine Geschichte, die sich Julia Donaldson ausgedacht hat, wird in einem Buch und einem Film erzählt. Und auch Knerten ist ein Stock, der ein bisschen aussieht wie ein Mensch. In den Knerten-Filmen, die auf den Kinderbüchern von Anne-Catharina Vestly beruhen, findet ein Junge namens Lillebror einen heruntergefallenen Ast. Er nennt den Stock Knerten, und Knerten wird zu seinem besten Freund!

Biblische Stöcke: Die Stäbe von Moses und Aaron

In der Bibel und in der Thora nutzt Gott die Stäbe der Brüder Moses und Aaron, um seine Macht zu zeigen.

Die Stäbe sind zu magischen Dingen in der Lage – sie können sich in eine Schlange verwandeln, Blüten hervorbringen und sogar das Meer teilen.

Musikalische Stöcke: Der Taktstock von Lully

Jean-Baptiste Lully gilt als einer der ersten Dirigenten der Welt. Er komponierte und dirigierte im Auftrag des französischen Königs Ludwig der Vierzehnte. Er schrieb also neue Musikstücke für ihn und leitete Orchester an. Dabei benutzte er als einer der Ersten überhaupt einen Taktstock. Heute ist ein Taktstock ein leichter, kleiner Stab aus Holz oder einem anderen Material, mit dem Dirigenten in der Luft herumfuchteln. Lully hingegen verwendete einen großen, zwei Meter langen Stock, den er im Takt auf den Boden schlug. Einmal traf er dabei aus Versehen seinen Fuß. Die Wunde entzündete sich so stark, dass sie ihn das Leben kostete.

Weihnachtliche Stöcke

Barbarazweige sind eine schöne Weihnachtstradition. Am vierten Dezember, dem Tag der heiligen Barbara, werden Obstzweige ins Wasser gestellt. Du kannst auch einen Wunsch auf einen Zettel schreiben oder malen und an einem der Zweige aufhängen. Öffnen sich die Knospen zu Weihnachten und beginnen zu blühen, soll das Glück für das nächste Jahr bringen.

ALTE STÖCKE

Dass Kinder Stöcke lieben und mit ihnen spielen, ist nichts Neues. Frag mal deine Großeltern – sie haben es wahrscheinlich ebenfalls gemacht. Ebenso wie ihre Großeltern und deren Großeltern und immer so weiter.

Dass nicht nur Kinder, sondern alle Menschen Stöcke benutzen, um damit Dinge zu tun, war immer schon so, fast überall auf der Welt. Unsere Hände haben sich so entwickelt, dass unsere Vorfahren gut auf Bäume klettern sowie Gegenstände greifen und herstellen konnten. Der Daumen befindet sich nicht in einer Reihe mit den übrigen Fingern, sondern gegenüber. So ist der sogenannte Pinzettengriff für uns Menschen möglich. Das machte es natürlich auch leichter, Stöcke aufzuheben und zu benutzen!

Aus Stöcken lassen sich Werkzeuge erschaffen. Ein Werkzeug ist ein Gegenstand, mit dem man etwas bearbeiten oder bewirken kann. Stöcke waren zum Beispiel hilfreich, um Tiere zu jagen, Feuer zu machen und dichte Dächer zu bauen. Und genau das brauchten die ersten

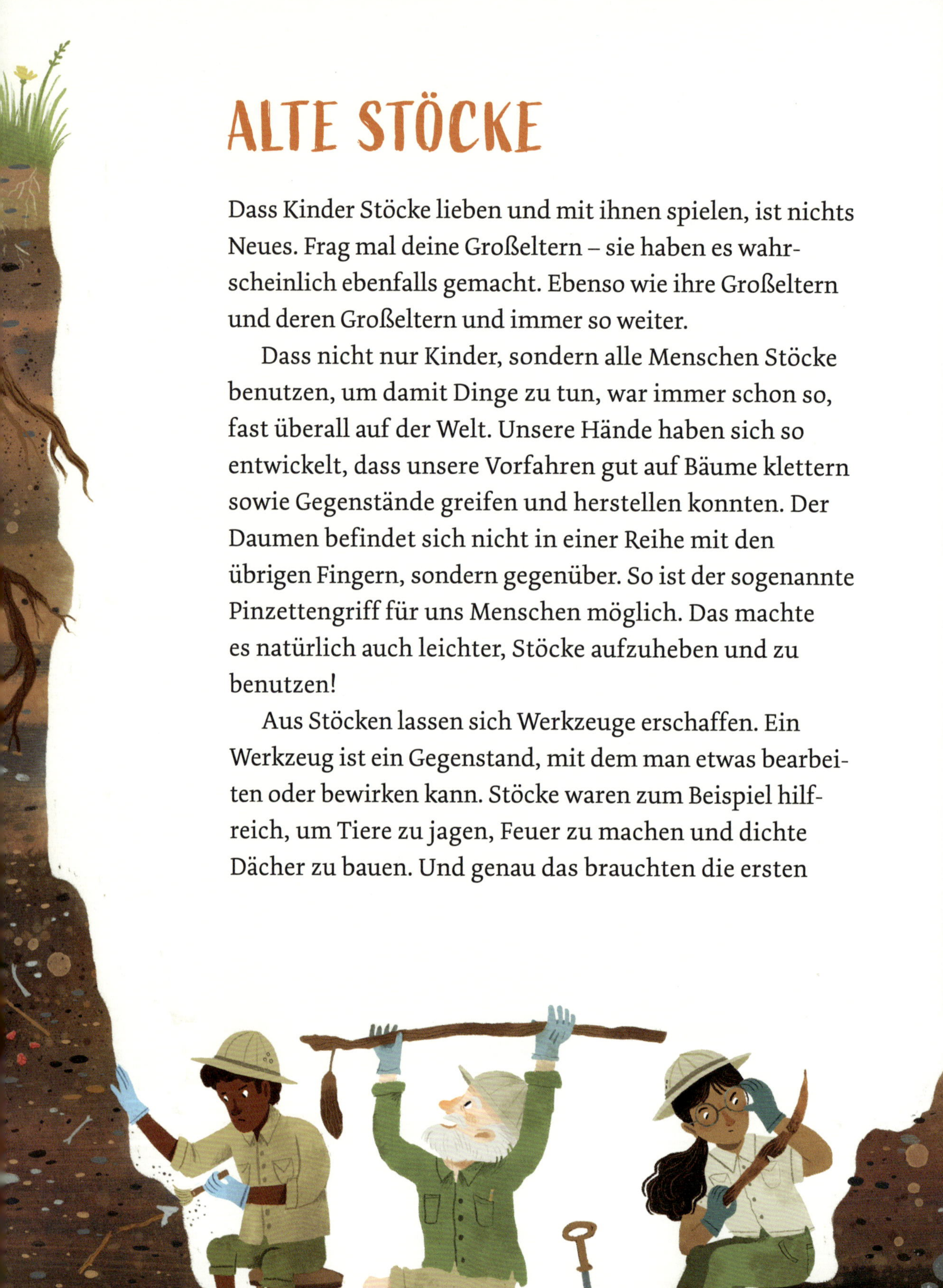

Menschen damals zum Überleben. Stöcke waren also schon immer superwichtig.

Die Leute, die nach uralten Gegenständen suchen und sie ausgraben, heißen übrigens Archäologen. Sie haben schon viele alte Stöcke aufgespürt. Es ist nicht immer ganz leicht herauszufinden, wozu diese Stöcke benutzt wurden.

Über einige von ihnen wissen die Forscher allerdings eine ganze Menge, zum Beispiel über **Grabstöcke**. Archäologen haben Grabstöcke gefunden, die schon 170.000 Jahre alt sind! Mit diesen Stöcken haben unsere Vorfahren und Neandertaler überall auf der Welt nach Wurzeln gegraben und Pflanzen in die Erde eingesetzt.

Doch Stöcke wurden in der Steinzeit nicht nur für Pflanzen benutzt, sondern auch, um Tiere zu jagen. In Niedersachsen, im Norden von Deutschland, haben Forscher die ältesten **Wurfstöcke** der Welt entdeckt – sie sind schon 300.000 Jahre alt und bestehen aus Fichtenholz. Die Forscher vermuten, dass damit Vögel und andere kleine Tiere gejagt wurden. Vielleicht wurden aber auch größere Tiere wie

Pferde in eine bestimmte Richtung getrieben. Versuche mit diesen Stöcken zeigen, dass man sie mehr als 100 Stundenkilometer schnell werfen kann.

Und auch die sogenannten „**Scheuchhölzer**" in Norwegen sind sehr gut erforscht. Das waren Stöcke mit kleinen Holzstücken an der Spitze, die im Wind klapperten. Sie wurden hoch oben in den Bergen aufgestellt und dienten dazu, Rentiere in eine bestimmte Richtung zu scheuchen – und das vor ungefähr 1.500 Jahren! Heute, da die Gletscher schmelzen, finden die Forscher viele Scheuchhölzer unter dem Eis.

Schaut man sich Fotos dieser Forscher an, stellt man fest, dass sie überglücklich aussehen. Dass Erwachsene sich so über alte Stöcke freuen, die seit Ewigkeiten herumliegen, kommt wirklich selten vor.

Das sind aber lange noch nicht alle Stöcke, die Menschen in alten Zeiten verwendet haben.

Die Südsami, eine Volksgruppe in Norwegen und Schweden, haben früher einen speziellen Brei gekocht, wenn ein Kind geboren wurde. Obendrauf legten sie drei Stöckchen: ein weißes, ein schwarzes und eines, das sich oben gabelte. Nachdem die Leute um den Brei herumgetanzt und ihn aufgegessen hatten, wurden die Stöckchen unter die Türschwelle gelegt. Drei Tage später überprüfte man das Ergebnis: War das weiße Stöckchen verschwunden, würde alles gut gehen. War das schwarze weg, würden die Mutter und das Baby großes Unglück erfahren. Geheimnisvoll, oder?

Außerdem haben Archäologen Würstchenspieße aus dem Mittelalter gefunden, vor allem in Großbritannien, Nordirland und den nordischen Ländern. Sie sind bunt verziert und haben Namen. Wahrscheinlich wurden sie nicht wie heute verwendet, um Würstchen aufzuspießen und zu grillen, sondern um die Enden der Würste zu verschließen. Aber mittlerweile gibt es Leute, die bezweifeln, dass es sich wirklich um Würstchenspieße handelt. Es ist und bleibt vermutlich auch ein Rätsel.

Ein noch größeres Rätsel ist die Frage, warum man in mehreren Gräbern aus dem Mittelalter einen Haselnusszweig neben den Verstorbenen gefunden hat. Sollte er vielleicht als Wanderstab dienen, wenn die Seele ihre letzte Reise antrat? Genau weiß das niemand, aber man kann sicherlich viel darüber grübeln.

Was glaubst du?

MINDESTENS 80 DINGE, DIE MAN MIT STÖCKEN MACHEN KANN

GESTELL, UM ETWAS ÜBER EIN FEUER ZU HÄNGEN
ROULADENHALTER
WEIDENFLÖTE
LEITER
MALSTOCK
GEWICHT
LAGERFEUER
NESTBAU
STÜTZE
STAFFELSTAB
ANGELRUTE
AUF DEM WALDBODEN MALEN
ZAUBERSTAB
ANDERE AM RÜCKEN KRATZEN
FACKEL
TROMMELSTOCK
WÜRSTCHENSPIESS
KLÖPPEL
STOLPERFALLE
BESEN
SCHMUCK
IM SAND GRABEN
IGELUNTERSCHLUPF
ESSEN UMRÜHREN
STABHOCHSPRUNG
XYLOSPONGIUM
(ANTIKE KLOBÜRSTE)
ZÄHNE PUTZEN
SCHLAGSTOCK
HOLZHÜTTE
WÜNSCHELRUTE
MIKADO
WEGWEISER
HOHLE BÄUME ERKUNDEN
PIZZASCHAUFEL
STRICKEN
DAS GLEICHGEWICHT HALTEN
SPAZIERSTOCK
DINGE ÜBER DER SCHULTER TRAGEN
HAARE HOCHSTECKEN
TORSTANGEN
SCHWERT
STECKENPFERD
HOCKEYSCHLÄGER
BRÜCKE ÜBER EINEN FLUSS
SPEER
DEN ÖLSTAND IM AUTOMOTOR ÜBERPRÜFEN

EINE GESCHICHTE DER MUSIK

Menschen haben immer schon Musik mit Stöcken gemacht. Überall auf der Welt gibt es Instrumente aus und mit Stöcken.

Irgendwann haben die ersten Menschen festgestellt, wie gut es klingt, wenn man Stöcke gegeneinanderprallen lässt. Macht man das immer wieder, erhält man einen Rhythmus. Im Orchester heißt dieses Instrument heute **Klanghölzer**.

Wenn man sie zusammenschlägt, entsteht ein kurzer, ziemlich hoher Laut, den man über alle Trommeln hinweg hört. Dieses „Ding, ding, ding, ding" teilt den Rhythmus in kleine Abschnitte.

Aber das war den Urzeitmenschen nicht genug. Sie machten weiter und schlugen mit ihren Stöcken auf andere Gegenstände: Baumstämme, Baumstümpfe, Topfunterseiten und sogar Totenköpfe!

Daraus haben sich viele der Instrumente entwickelt, die wir heute kennen: Bei **Becken**, **Marimbas** und **Glockenspielen** entsteht Musik, indem wir mit einem Stock auf etwas Metallisches schlagen. Beim **Xylofon** trifft Holz auf Holz.

Wenn man Tierhaut über ein leeres Gefäß spannt und dann mit einem Stock darauf schlägt, hat man eine **Trommel**. Trommeln können winzig klein, riesig groß und alles dazwischen sein. Viele Becken und Trommeln zusammen nennt man **Schlagzeug**, und die dazugehörigen Stöcke werden Drumsticks genannt. Das ist einfach das englische Wort für „Trommelstöcke".

Als Nächstes haben die Menschen herausgefunden, dass auch der Bogen, mit dem man Pfeile verschießt, einen schönen Laut hervorbringt. Wenn man an einer Schnur zupft, die stramm an einen gebogenen Stock gebunden ist, erklingt ein deutlicher Ton. Damit war das erste Saiteninstrument erfunden. Es heißt **Musikbogen**.

Mit der Zeit stellten die Menschen fest, dass man auch mehrere Schnüre spannen und den Stock oder das Holz unterschiedlich formen kann. So entstanden erst die **Leier** und später dann alle anderen Saiteninstrumente, von der **Gitarre** bis zur **Harfe**.

Die Menschen fingen auch an, Stöcke auszuhöhlen. Und was passierte? Ja, genau – wenn man in einen solchen Stock hineinpustet oder gegen ihn schlägt, beginnt die Luft in seinem Inneren zu schwingen. Es entsteht ein satter Ton. Das war der Ursprung der vielen **Flöten**, die es heute auf der Welt gibt.

Hast du schon mal versucht, eine Flöte zu basteln? Schneide vorsichtig einen frischen Zweig von einer Weide ab und ritze die Rinde so ein, dass du sie an einem Stück abziehen kannst. Schneide dann den oberen Teil des nackten Stocks ab und schieb ihn zurück in die Rinde. Lass dir am besten von einem Erwachsenen helfen. So erhältst du einen Stock mit einem Hohlraum. Wenn du hineinbläst, trifft der Luftstrom auf eine Kante, die ihn aufteilt. Dadurch entstehen Schallwellen und ein Ton.

In früheren Zeiten haben Menschen auch Flöten aus Tierknochen geschnitzt. Archäologen haben Flöten gefunden, die viele tausend Jahre alt sind! Außerdem gibt es Wandmalereien von Menschen mit Flöten, die vor 50.000 Jahren entstanden sind.

Denk einmal daran, wenn du das nächste Mal eine Querflöte im Orchester hörst. Vielleicht regt sich dann tief in deinem Inneren etwas, von dem du nicht genau verstehst, was es ist. Es kann sein, dass du das Gleiche empfindest wie deine Ur-ur-ur-ur-ur-ur-ur-ur-ur-ur-ur-ur-ur-ur-ur-ur-ur-ur-ur-ur-ur-ur-ur-ur-ur-ur Oma.

Früher haben die Menschen nämlich nicht nur aus Spaß musiziert. Für sie war die Musik eine ernste Angelegenheit. Wenn man gegen einen hohlen Stamm schlägt oder in eine Holzflöte bläst, ertönen die Klänge der Natur. Man hört, wie das, woraus die Welt gemacht ist, in Schwingung gerät und Töne hervorbringt.

Mit den Augen sehen wir das Äußere, aber die Musik zeigt uns, wie die Welt wirklich ist. Sie berührt unser Innerstes und erzeugt ganz ursprüngliche Gefühle in uns.

WARUM MACHEN STÖCKE SO TOLLE GERÄUSCHE?

Nicht nur mit Instrumenten aus und mit Stöcken kann man Töne erzeugen, auch Stöcke selbst können das!

Wenn man einen Stock rasend schnell durch die Luft schwingt, ertönt eine Art Pfeifen. Hast du das schon mal gehört? Das ist Luft, die sich bewegt.

Der Stock drückt nämlich die Luft vor sich weg, sodass hinter ihm ein Hohlraum entsteht. Wenn die übrige Luft diesen Hohlraum dann füllt, erzeugt sie eine Welle. Das ist ungefähr so, wie wenn du deinen Finger schnell durch Wasser ziehst: Er hinterlässt einen kleinen Graben und es bilden sich Wellen.

Man könnte also sagen, dass Klänge Wellen in der Luft sind, – man nennt sie sogar Schallwellen. Sie gelangen in dein Ohr und versetzen dein Trommelfell in Schwingung. So funktioniert Hören. Wenn sich der Stock nun also schnell genug durch die Luft bewegt, entstehen genügend Schallwellen, dass du es hören kannst.

Es ist nicht unbedingt so, dass größere Stöcke bessere Töne erzeugen. Denn bei schweren Stöcken ist es gar nicht leicht, auf das richtige Tempo zu kommen. Am besten eignen sich dünne, lange

Stöcke, die gern auch etwas biegsam sein dürfen. Denn die sind superschnell!

Wenn ein Erwachsener eine solche Rute durch die Luft wirbeln lässt, kann die Spitze eine Geschwindigkeit von 300 Stundenkilometern erreichen. Das ist genauso schnell wie die allerschnellsten Züge! Ist es nicht beeindruckend, wie viel Kraft wir in den Händen haben?

Wenn man das weiß, klingen die Stockgeräusche noch beeindruckender. Willst du es denn auch mal versuchen? Du kannst auch verschiedene Stöcke durch die Luft schwingen und ausprobieren, welcher für dich am schönsten klingt.

Und wenn die Stöcke, die du findest, zu kurz oder dick sind, kannst du immer noch zwei davon gegeneinanderprallen lassen und hast deine ganz eigenen Klanghölzer. Wenn dann noch ein Kind auf einem Baumstamm trommelt und ein Kind Weidenflöte spielt, seid ihr eine richtige Band und könnt ein kleines Konzert geben!

WETTSAMMELN

Wie viele Stöcke könnt ihr in fünf Minuten zusammentragen? Veranstaltet ein Wettsammeln! Davor kann jeder schätzen, wie viele es wohl insgesamt werden. Sobald ein Kind oder ein Erwachsener mit einer Trillerpfeife das Startsignal gibt, lauft ihr los und sammelt so viele, wie ihr nur könnt!

Dabei gelten folgende Regeln:

1) Es ist nicht erlaubt, Zweige abzubrechen – die Stöcke müssen schon auf dem Boden liegen.
2) Dicke, schwere Äste mit vielen Zweigen daran zählen nicht.
3) Alle müssen ihre Fundstücke an einer Stelle, wo vorher keine Stöcke lagen, zu einem großen Haufen auftürmen.

Vielleicht findet ihr ja sogar Stöcke, die so groß sind, dass ihr sie nur gemeinsam zum Sammelplatz tragen könnt? Oder ihr sucht viele kleine Stöckchen zusammen? Aber egal, wie die Stöcke aussehen, jeder Stock zählt. Und nun heißt es:

Auf die Stöcke, fertig, los!

WAS KANNST DU AUS STÖCKEN MACHEN?

Jeder Stock ist anders. Hast du schon einmal einen angefasst, der so weich war, dass es sich angefühlt hat, wie jemandem über die Wange zu streicheln? Oder einen, dessen Rinde dich gekratzt hat? Manche Stöcke haben eine weite Reise über das Meer zurückgelegt, andere liegen direkt vor deiner Haustür.

Kommt es manchmal vor, dass du plötzlich Lust hast, etwas aus Stöcken zu erschaffen? Das ist Kunst und bedeutet, ein Gefühl oder ein Erlebnis mit anderen teilen zu wollen.

Manche Stöcke sind schon fertige Kunstwerke, wenn du sie findest. Diese Stöcke kannst du herumzeigen oder sie irgendwo hinlegen, wo andere sie auch sehen.

Genauso gut kannst du Stöcke und weitere Dinge aus der Natur sammeln und sie auf dem Boden zu einem Muster legen. Vielleicht willst du ein Foto davon machen? Solche Kunstwerke musst du nicht wieder wegräumen, das macht die Natur selbst.

Weiche Zweige wie Weidenruten lassen sich zu Zöpfen flechten. Aus harten Ästen kannst du gemeinsam mit einem Erwachsenen etwas schnitzen, zum Beispiel Figuren, wie es Michel aus Lönneberga gemacht hat. Oder du ziehst die Rinde ab und bemalst den Stock. Du kannst Muster hineinritzen und Augen aufkleben, Stöcke in kleine Stücke brechen oder größere Gegenstände daraus bauen.

Und wenn du dir den falschen Stock ausgesucht hast, mit dem gar nichts anzufangen ist, legst du ihn einfach wieder zurück. Es gibt so viele Stöcke auf der Welt – du findest bestimmt einen, aus dem sich etwas erschaffen lässt.

Was könnte das wohl sein?

STOCKKUNST

Es gibt Erwachsene, die Kunstwerke aus und mit Stöcken erschaffen. Gefallen sie dir?

STOCKFIGUREN
Anna Fiske

DER FISCHER LARS GAIHEDE SCHNITZT AN EINEM STOCK
Anna Ancher (Gemälde, 1880)

DER WILDE MUSTANG
Achim Nocka (Skulptur, 2019)

ZWÖLF ZWEIGE
Chris Kenny (Konstruktion, 2022)

DENK MAL
Jannik Abel (Skulptur, 2021)

SKULPTUREN IM BOTANISCHEN GARTEN
Tom Hare (2014)

NIMIS
Lars Vilks (Holzkonstruktion, 1980)

SUORGI/ZWEIGE
Juliussen, Solberg, Ansten (Teil einer Ausstellung, 2022)

WILDHERZ
Maria Westerberg (Skulptur)

DAS STOCKPROJEKT
Lee John Phillips (Zeichnung, 2021)

STÖCKE VERBINDEN UNS

Wir Menschen sind nicht gern allein. Aber manchmal fällt uns das Miteinander schwer. Das kann daran liegen, dass wir nicht die gleiche Sprache sprechen. Oder wir unterscheiden uns in anderen wichtigen Dingen.

In solchen Fällen ist es gut, dass es Stöcke gibt. Mit denen können wir nämlich spielen. Hast du schon einmal etwas von Musiktherapie gehört? Musiktherapeuten setzen Musik ein, damit es Leuten besser geht oder sie etwas über sich lernen. So helfen sie zum Beispiel Kindern, die nicht sprechen können oder oft und lange im Krankenhaus liegen.

Die Musiktherapeutin sagt dann so etwas wie: „Jetzt machen wir Musik, indem wir Stöcke aneinanderschlagen und so einen Rhythmus erzeugen! Dazu singen wir gemeinsam ein Lied!“ Danach sammelt man die Stöcke wieder ein und bindet sie anschließend zum Beispiel zu einem Hexenbesen zusammen. Alle helfen mit, auch die Erwachsenen. Man fühlt sich wohl und miteinander verbunden.

Auch Spielen ist wichtig für uns Menschen. Wenn ein Kind etwas Schreckliches erlebt hat, zum Beispiel Krieg, kann es manchmal passieren, dass es nicht mehr so gern und so viel spielen kann. Dann müssen die Erwachsenen aushelfen und ihm zeigen, wie das wieder geht.

Ein solches Spiel kann damit anfangen, dass man zusammen im Sandkasten sitzt. Die erwachsene Person nimmt einen Stock und malt damit etwas in den Sand. Vielleicht einen Strich oder ein Muster – was genau, ist egal. Dann schnappt sich das Kind einen Stock und malt das Gleiche. Vielleicht denkt es sich dazu noch etwas Eigenes aus, das der Erwachsene nachmalen muss. Und schon ist es passiert: Die beiden spielen miteinander! Sie haben eine Verbindung zueinander aufgebaut, denn wenn wir Stöcke haben, braucht es keine gemeinsame Sprache. Wir halten ein Stück Natur in der Hand und verbringen Zeit miteinander. Das tut uns Menschen gut.

GEFÄHRLICHE STÖCKE

Wenn du auf einen Stock trittst, kannst du dich verletzen. Hin und wieder fallen Äste von einem Baum und treffen jemanden am Kopf. Einen Stock in den Mund zu nehmen, kann gefährlich werden, wenn man stolpert. Mit einem Stock kann man andere schlagen und stechen, und man kann ihn werfen. Stöcke lassen sich als Pfeile aus einem Bogen oder einem Blasrohr abschießen. Man kann Fallen aus ihnen bauen. Das soll dich aber nicht auf falsche Gedanken bringen! Benutze einen Stock nie dazu, jemandem wehzutun oder etwas Gefährliches zu tun.

Leider sind Dinge, die besonders viel Spaß machen, oft ziemlich gefährlich. Zum Beispiel etwas anzuzünden! Gerade trockene Stöcke brennen gut. Trotzdem ist es nicht gefährlich, viele Stöcke im Haus zu haben, weil sie nicht von selbst in Flammen aufgehen. Solange der Rest deiner Familie damit einverstanden ist, kannst du so viele Stöcke in deinem Zimmer aufbewahren, wie du willst. Zündel aber auf keinen Fall damit herum! Kinder dürfen niemals allein Feuer machen oder Stöcke anzünden.

Finden Feuerwehrleute es gut, Stöcke anzuzünden?

Bei der Arbeit kümmern sich Feuerwehrleute vor allem darum, Feuer zu löschen. Aber in ihrer Freizeit finden auch sie es gemütlich, am Lagerfeuer zu sitzen und in die Flammen zu gucken (wenn es an dieser Stelle erlaubt ist, Feuer zu machen).

In Japan gibt es Kampfsportarten, bei denen Holzschwerter, die Bokken heißen, zum Einsatz kommen. Man muss allerdings vorsichtig mit ihnen sein, denn nicht nur scharfe Metallschwerter, sondern auch die aus Holz können Verletzungen verursachen.

In einigen Schulen ist es verboten, mit Stöcken zu spielen. Die Lehrer haben Angst, dass sich jemand wehtun könnte. Erwachsene müssen darauf aufpassen, dass Kinder sich nicht verletzen. Trotzdem sind Verbote nicht unbedingt die beste Idee. Denn ab und zu müssen Kinder auch gefährliche Sachen machen dürfen. Zum einen, weil es Spaß macht, und zum anderen, weil man so lernt, vorsichtig zu sein, sich an Spielregeln zu halten und den eigenen Körper einzuschätzen.

Wenn ein Erwachsener dir und deinen Freunden verbietet, mit Stöcken zu spielen, könnt ihr gemeinsam besprechen, wie man am besten dafür sorgt, dass nichts passiert. Überlegt euch feste Regeln. Vielleicht ist es besser, nicht damit zu rennen und die ganz langen Stöcke wegzulassen? Oder ihr vereinbart, keine Stöcke aufeinander zu werfen? Ihr findet bestimmt eine gemeinsame Lösung. Vielleicht kannst du auch ein Schild wie das hier malen:

STÖCKE BEIM ESSEN?

STÄBCHEN

In China und in anderen Ländern Asiens isst man mit dünnen Holzstöckchen, die „Stäbchen" genannt werden. Es gibt sie schon seit rund 4.000 Jahren. Damals haben die Köche das Essen bereits in Häppchen zerteilt, damit man kein Messer brauchte, um es klein zu schneiden.

Heutzutage essen etwas mehr als eine Milliarde Menschen jeden Tag mit Stäbchen. Gehörst du auch dazu?

ESSBARE STÖCKE

Echte Stöcke können wir Menschen nicht essen, die kann unser Magen nicht verdauen, nur so etwas Ähnliches: In England gibt es Knabberstangen, die immerhin wie kleine Stöcke aussehen und auch so ähnlich heißen, auch wenn sie aus Weizenmehl bestehen. Außerdem finden sich überall auf der Welt Speisen, für die man echte Stöcke braucht. In Spanien zum Beispiel isst man Pintxos (gesprochen „Pintschos") – kleine, belegte Stücke Brot mit einem Holzstäbchen in der Mitte.

KNABBER WELT

GRILLEN

Etwas größere Holzspieße sind nützlich zum Grillen. Du kannst auch einen Stock anspitzen, um ein Würstchen direkt über das Lagerfeuer zu halten. Dafür brichst du am besten einen frischen Zweig von einem Baum ab. Dann ist er noch nicht allzu trocken und fängt nicht so schnell an zu brennen.

Würstchen lassen sich auf zwei Arten aufspießen: Entweder längs, so wird das Würstchen am einfachsten gleichmäßig braun, aber es kann sein, dass es aufplatzt, wenn du den Stock nicht tief genug hineingedrückt hast. Oder quer, dafür eignet sich am besten ein Stock mit zwei Spitzen.

Wenn du in der Natur grillst, lass die besten Würstchenstöcke an der Feuerstelle liegen – die nächsten Leute freuen sich darüber!

STÖCKE IM FESTTAGSESSEN

In Norwegen essen viele Leute an Heiligabend Pinnekjøtt (gesprochen „Pinnechött"), was auf Deutsch „Stockfleisch" bedeutet. Das ist gesalzenes Lammfleisch, das im Kochtopf auf einen kleinen Turm aus Birkenstöckchen gelegt wird.

Hier bei uns gibt es an Feiertagen manchmal Rouladen. Sie bestehen aus dünnem Fleisch, das um eine Füllung herumgewickelt und mit kleinen Holzspießen zusammengehalten wird. Ohne Stöckchen fällt also alles auseinander!

WIE MAN STOCKBROT MACHT

Verknete 250 Gramm Weizenmehl oder Dinkelmehl, einen halben Teelöffel Salz, zwei Teelöffel Zucker und zwei Teelöffel Backpulver mit fünf Esslöffeln Öl, zum Beispiel Olivenöl, und 150 Millilitern Wasser zu einem glatten Teig.

Reibe den Teigklumpen von außen mit etwas Öl ein und packe ihn in eine Dose oder Tüte, um ihn mitzunehmen.

Fahr damit – gemeinsam mit einem Erwachsenen – zum Lagerfeuer und such dir einen Stock, am besten einen jungen, der noch nicht zu trocken ist. Sonst brennt er weg, bevor das Stockbrot fertig ist. Denk immer dran, dass alle Stöcke Stockbrotstöcke werden wollen – such dir den aus, der am besten dafür geeignet ist, nicht den, der am lautesten ruft. Spitz den Stock vorne etwas an.

Zupf ein Stück Teig aus dem Klumpen und wickele es um den Stock. Die Teigwurst darf nicht zu dick sein, sonst bleibt der Teig im Inneren roh.

Halte den Stock mit dem Teig über die Glut.

Dreh ihn langsam im Kreis. Oder du lässt das einen Erwachsenen für dich machen, damit du noch mehr Stöcke sammeln kannst. Bitte den Stockdreher, dich zu rufen, wenn das Stockbrot fertig ist.

Zieh das Brot vom Stock und beiß ein Stück davon ab. Jetzt gibt es zwei Möglichkeiten.

Oh nein, es schmeckt fürchterlich? Dann ist es wohl schon verbrannt. Spuck es lieber wieder aus!

Schmeckt es superlecker? Dann ist es außen schön knusprig und innen fluffig und weich. Köstlich! Das ist das beste Stockbrot der Welt! Magst du noch eins?

STABSCHRECKEN

Stabschrecken sind Tiere, die aussehen wie Äste oder Stöcke, aber in Wahrheit Insekten sind. Ich finde, wenn sich jemand so viel Mühe gibt, einem Stock zu gleichen, hat er sich einen Platz in diesem Buch verdient.

Stabschrecken kann man als Haustiere halten. Aber irgendetwas stimmt da nicht. Man bekommt sie nämlich umsonst. Im Internet gibt es viele Anzeigen von Leuten, die Stabschrecken loswerden wollen:

Jede Menge kleine und große Stabschrecken abzugeben. Stabschrecken abzugeben. Am liebsten alle auf einmal.

Update: Immer noch fünf Stück zu haben! Wir haben zu viele.

Du solltest dir also gut überlegen, ob du dir eine Stabschrecke zulegst, denn sie bekommen sehr schnell sehr viel Nachwuchs. Und es ist gar nicht leicht, auf Tierkinder aufzupassen, die winzig klein sind, wie Stöcke aussehen und sich ziemlich schnell bewegen. Am besten gehst du vorher in eine Tierhandlung und erkundigst dich, was es alles zu beachten gibt mit deinem neuen Haustier.

Stabschrecken brauchen ein Terrarium mit kleinen Löchern im Dach oder in den Wänden, damit sie atmen können, aber die Löcher müssen wirklich klein sein. SEHR klein.

Wenn du dann Stabschrecken hast, wirst du schnell feststellen – sie führen ein ziemlich langweiliges Leben. Sie sitzen fast den ganzen Tag einfach nur da. Den Rest der Zeit verbringen sie damit, Blätter zu fressen. Du musst deine Stabschrecke also nur mit frischen Blättern versorgen und Wasser in ihr Zuhause sprühen. Das ist alles. Auf Stöcke verzichtest du besser. Denn dann ist es schwer, dein Haustier zwischen ihnen wiederzufinden.

Du kannst die Stabschrecke auch ganz vorsichtig aus ihrem Häuschen herausholen. Achte aber darauf, sie nicht zu fest zu packen oder zu streicheln. Pass gut auf!

WARUM SPIELEN ERWACHSENE NICHT MIT STÖCKEN?

Kinder sind sehr gut im Spielen. Aber Erwachsene haben Regeln darüber gelernt, wie die Welt zu sein hat. Das kann dazu beitragen, dass sie sich seltener Dinge ausdenken. Sie müssen Aufgaben erledigen und Erwartungen erfüllen und bekommen gesagt, dass sie keinen Quatsch machen sollen. Das ist ziemlich blöd. Es ist nämlich total wichtig, die Fantasie zu benutzen – egal, wie alt man ist.

Aber manche Erwachsene denken: „Ein Stock ist ein Stock." Sie sehen nicht, wie viel Spaß es machen kann, damit zu spielen. Wenn ein Kind zu ihnen sagt, dass der Stock eine Schlange ist, können sie es nicht verstehen oder sehen – ihnen fehlt das System dahinter.

An die Erwachsenen um dich herum: Solltest du zu denen gehören, die vergessen haben, wie man spielt, mach am besten einen Spaziergang zusammen mit jemandem, der Stöcke mag, einem Kind zum Beispiel. Vielleicht springt die Begeisterung ja auf dich über? Kinder können Erwachsenen viel beibringen, vorausgesetzt, dass diese sich die Zeit nehmen.

Wenn du das nächste Mal einen Stock siehst, heb ihn einfach auf. Denk nicht daran, wer dich dabei sieht. Und auch nicht daran, wozu du ihn brauchen kannst. Erwachsene machen sich viel zu viele Gedanken über den Nutzen von Dingen. Dabei können Gegenstände auch einfach Spaß machen, komisch aussehen, sich gut anfühlen oder langweilig sein.

Bei einem Stock ist alles möglich.

Du bestimmst selbst, was du damit machen willst. Probiere einmal aus, ihn durch die Luft zu schwingen. Vielleicht eignet er sich dazu, ihn wie ein Cheerleader umherzuwirbeln? Kannst du ihn durchbrechen? Lässt sich die Rinde abziehen? Bei all diesen Dingen passiert etwas im Gehirn. Außerdem macht es einfach Spaß!

WIE EIN STOCK ENTSTEHT

Alle Stöcke stammen aus der Natur. Jeder von ihnen ist an einem Baum gewachsen. Damals hieß der Stock noch Ast oder Zweig und wusste nicht, dass er eines Tages zu einem Stock werden sollte, den du dann findest.

Jeden Tag gibt es neue Stöcke auf der Welt, neue Stöcke für dich und alle anderen, die gern Stöcke sammeln. Durch den Wind findet ein wahres Stockspektakel statt.

Er bläst und pustet durch die ganze Welt – und KNACK, schon entsteht ein Stock, zwei Stöcke, drei Stöcke, Hunderte Stöcke! Tausende Stöcke! Insgesamt gibt es viele Millionen Stöcke auf der Welt. Niemand hat sie je alle gezählt.

Aber einige davon finden den Weg zu dir.